إنفصامستان

طارق التريري

Published by 2022 ,طارق التريري.

إنفصامستان

First edition. June 10, 2022.

Copyright © 2022 طارق التريري.

ISBN: 979-8223307976

Written by طارق التريري.

Also by طارق التريري

طارق التريري: الأعمال الكامله
قلبي اللي عِشقِك
على باب الله
على باب الله
لما كانت مصر دوله

Standalone
التُهمه عربي
الصُبح في بلادي
إنفصامستان
سُلطان العاشقين
في بلاد الأي حد
قُليل لما بشتاقلي
كُل العساكر كدابين
دم الحُسين
دوايرك
عند باب الحلم
ذكريات الميدان
لاجديد
خاسر
صباح القُدس
وجع القصيده

فارس بلا مُهره
شهريار لم الحكايه
لاجديد
ماكبرتش ومش عايز اكبر
قادر ربك يفرجها
إبتلاء إن انتا مصري

Watch for more at tarqablog.blogspot.com.

لكل مُحبي الشعر. أتمنى ان ينال العمل رضاكم

لكل مُحبي الشعر. أتمنى ان ينال العمل رضاكم

الحل الوحيد فلسطيني

هوا دا الحل الوحيد
وانسي كُل كلام سمعتو
عن حلول كدا من بعيد
انتا وحدك
أيوه وحدك جبت عيد
وابتديت تغزل بدمك
فرحة الفجر الوليد
جيبو وحدك أيوه ب ايدك
من خزين عِز ف وريدك
م العرب وانفُضها إيد
لا بعرب ولا بانتظارك
يوصلك ساعى البريد
لو قالوا لك شد حيلك
أو كلام كده من بعيد
بعد ساعه بيسحبوها
ومُحنُهُم يبدء يزيد
(كان صِبِر وعِقِل شويه
دا السلام شئ مُش بعيد)
ويبعتوا لسيدهُم سامحنا
يسجُدُم ويبوسوا إيد
وانتا طبعاً يبعتولك
سِم بيغذي الوريد
خُد كلام حد اما تشبع
خُد كمان مليون نشيد
خُد وعود حد اما تكفر
بالحقوق وتفُض إيد
دعم لأ ولأ طبعاً
انتا أيه لساك جديد؟
فاكر ان الرأي ليهُم؟
راح خيالك راح بعيد

طارق التريري

كُل كلب ولُه حُدوده
وكُل عبد وعندو سِيد
ولما يبقى حُر نفسو
تنتظر منو البريد
ترتجى منو المُساعده
وتنتظر حيمد إيد
غير كده ف اعتبرو ميت
وهو ادا الحل الوحيد
تعتمد على بس عزمك
فالعرب ماتت أكيد
واللي فاضل بس صوتهُم
همهماتهُم كالعبيد

طبعاً أنا عربي

واهوا جالي يوم
وقدرت أقول
طبعاً أنا عربي
بعد انكساري
سنين كتير
كُرهي ان اكون عربي
وهمي البليد
بجيوش كتير
فيها النشيد
بس بالعربي
ووشوش خراب
مسكونه بوم
فيها اللسان
ياخساره بالعربي
مافيهوش بيان
ولا فيه إيمان
ولا عِزه العربي
مُش زي دول
ولا زي دول
وب أقولها بالعربي
مُش ب الأمير
ولا ب البعير
والجاز انا عربي
ولا كوم فلوس
مع دي التيوس
خلتني اكون عربي
ولاممحونين
لزعيم لعين
وبيرقصوا عربي
بسيوف زمان

كانت نشيد
وبيعزفوا العربي
أيام ماكان
كُل البيبان
مفتوحه للعربي
قبل الزمان
ما يقول خلاص
ما بقيتش اجيب عربي
عرب سايكوس
عرب بيكو
عرب لورانس
عرب ديفيد
ما بيولدوش عربي
لكن خلاص
بالزي دول
جاي الخلاص
وأقدر أقول
طبعاً أنا عربي

ترامب وعربو والمبوله

من بلاد اجدد مافيها
بيت نقول 2000 سنه
ومن سنين قول 300
فيه دهنا المبوله
والكنيف ياسى بلا
واللى بالعربى المُنمق
تتنطِق بيت الخلا
تبقى أقدم من بلادك
من بلاد ساكنه الفلا
من عروش رضيت بذُلك
دلدلت قالت هلا
بالوجود ماكانتش تحلم
قبل ما يهل البلا
وكان كنيف بيتنا الصُغير
حلم ليهُم مُش خلا
فيه بيحلم يستحمى
شيخ شيوخ عرب البلا
وانهارده بكُل جُرأه
بتأمروا وتنهوا الورى
والرهان ان احنا نركع
أو نبيع ونجيب ورا
واحنا بطلنا المُناقشه
والكلام للمبوله
هيا تحكيلكُم تاريخكُم
وامتى تبقوا المزبله
لما بس الأمه تصحى
ولما نبدء غربله

تاريخ مُزور

من بلاد كاتب تاريخها
طقم كُلو معرصين
اللى نافق واللي ساير
واللي كان خدام لعين
واللي كان طمعان فى عشوه
واللي كان عارف الخزين
كُلو فى إيدين العصابه
وانو لازم يستكين
يكتب اللي يملو هولو
ومُش ضروري يملي مين
أي حد يقول فيكتب
طقم كُلو معرصين
حتى لون الحبر أغبر
والسطور متلوثين
دم ناس قالت حقيقه
ودم ناس ماباعتش طين
واللى كاتب غِلو طافح
كُلو حِقد وزور مُبين
راح كاتبها بلاد حزينه
شايله هم وشايله طين
تاريخها فراغ بلا عُلما
بلا فُقها بلا عاشقين
بلا شعرا بلا مغنى ولا مُحبين
تاريخها بس عسكرها
وكوم غاصبين
وقاضي لما باحتلو
سجنها سنين
ماهوش قاضي
ولا يُحسب من العادلين
دا كلب موطي لبياده

وجدو كوهين
دخلها عشان يبات ليله
وصاروا سنين
م البلاد دي انا نفسي اقولك
كلمه بس الحق فين
ما الحقيقه زوروها
يوم ما خلوا معرصين
يكتبوا التاريخ بتاعهُم
واحنا فيها مُهمشين

مُش كريم رمضان عليك

عم يا عبد البياده
مُش كريم رمضان عليك
أو عليه هوا وعساكرو
وكُل كلب انضم ليك
من بيوت فايح وجعها
وهمها الدعوات عليك
انتا وكلابو وعساكرو
وصحبتوا الراكبين عليك
خرجك من ديننا خالص
قرب اللعنات إليك
من بنات فى سجون عساكرو
وكوم ديون صبحت عليك
بالمرار والبس خازوقك
والله ولبستو بإيديك
غير دُعا الملايين فى بلدي
بالخراب رمضان عليك
انتا وكلاب البياده
مُش كريم رمضان عليك

إحتراف الفقر

الفقر في بلادي احتراف
مُش حظ من صُنع القدر
ولا أمر صادر م الإله
ولا وعد مكتوب ع البشر
ولا حتى قلة مؤمنين
أو يعني عُباد البقر
ولا لعنه من فرعون قديم
طلسم ودافنينوا الغجر
الفقر حرفة كدابين
على كوم جراد فيها انتشر
كُتّاب لمامه وقوادين
وشيوخ غوازي بتنتظر
موتك عشان تاخُد عزاك
وتوصي وارثك يصطبر
قُدّام عساكر أجروك
من يوم ميلادك تفتقر
والجري ورا شبه الرغيف
بقى هوا همك والخبر
ويمُص دمك كُل مين
شَمَر كمامو وقام هَبر
وبيقنعوك انك فقير
وان انتا لازم تصطبر

قيس

كل قيس
وف قلبو ليلى
وقلبو دايب
م الحنين
توعدو
يطرح نهارو
ويأسرو
فرط الحنين
ويبتدى
فيه اشتعالو
ويبتدى
فيه الأنين
وف غرامو
يدوب ويسهر
يملا ليل السهرانين
بالأمانى وبالغناوى
وناس كتير متجمعين
كلهم في قلبو ليلى
وليلى نامت من سنين

الهُموم

الهموم حِلفِت ما تخلص
غَم بيسلم لغَم
كني عُضو فـ دى النقابه
أو زعيمها لدي الأُمم
من زهق وهموم كتيره
رافعه جوايا العلم
احتلال كامل مُكمل
كُل لحظه يزيد آلم
وان شَكِيت ح يقولك أُصبر
وارضى واستنى القِسَم
قِسمتك وماجاش معادها
فـ انتظر وأُصبر ياعم
ياما ناس صابرين ولسا
بيسمعوا فـ خُطب الصنم
ان بُكرا مسيرو طالع
وانتا واقف ع اللغم
كُل رُعبك أي حركه
ينفجر وتصير عَدم
يبقى كمل أيوه كمل
وادي ودنك للصنم
هوا فاجر وانتا أفجر
لما ترضى تكون غَنم

على بابا

علي بابا خلاص ما بقاش
محتاج سمسم يفتحلو
كُل المغارات مفتوحه
حُراسها خلاص بقوا اهلو
زيتهُم فى دقيقهُم يعنى
واحنا الساكتين نستاهلو
بنمصمص بس شفايف
عارفين لكن بنحايلو
الذُل الضارب فينا
وعايش طارح على مهلو
وبيطرح بس مواعظ
لكن وعظ بنتجاهلو
وكلام مدهون بمذله
عن بُكرا حيسند ضهرو
حلم التايهين فى دروبها
والحق اهو جاي على مهلو
عارفين انو بيخدعنا
عارفينو وعارفين أهلو
نُخلُطو بالتبن ياسيدنا
ويرميه على بابا لبغلو
ومن غير ما ينادي يا سمسم
كُل المغارات تفتحلو

الستر

فى بلاد مافيهاش أحلام
غير بس يادوب الستر
وشعارها أدينا عايشين
ومافيش غير بس الصبر
والناس بتقول دا خيال
وابعد م الحلم الستر
من ضمن المُستحيلات
ومسار مليان بالمُر
درجات طبقات ودروب
تحتاج عالمين بالأمر
عارفين بدروبو الصعبه
قادرين على مُر الصبر
والبعض يقولك وهم
وسراب فى بلادنا الستر
أبداً ما تحقق يوم
ولاشافوا جدودنا ف عصر
محجوز دايماً لقليل
من بعض ملوك الزمر
والرقص ف كُل زمان
على جتت اتقلت قَهر
فطبيعي يكون الشوق
دايماً وابداً للقبر

الشعر

الشعر كون
مُش أي كون
يحتاج سنين
على بال ما تقدر توصلو
وبعد الوصول
فى كمان سنين
على بابو تُقعُد تسألو
وتسمعلو برضو
ألوف سنين
وتلم فيه وتحصلو
وتسمع كتير
تحفظ كتير
والشعر لسا ف أولو
ماهو كُل عصر ولُه شيوخ
وملوك كلام وبيغزلوا
بعديها يسمح بالدخول
وتلاقى حرف وتِشغلو
وانتا وضميرك فى الحروف
وانتا وشطارتك قَولو
املاه حياه واملاه فَرح
املاه حقايق زلزلو
خليه يكون صوت الضعيف
شجن الحزين
ونس الغريب أو منزِلو
يا تدوم برئ وتقول كلام
والكُل عنك ينقلو
يا الشعر حيقولك خلاص
ويرُد بابو ويقَفلو
ويقولك انسى يكون دا شعر
دا يادوب كلام بتقفِلو

الشعر نسج من القلوب
والروح بتِشغِل تغزلو
ما اهو اصلو كون
مش أي كون
ومُش أي حد بيوصلو

كُل يوم دفنِك

واهو كُل يوم دَفنِك
بيأجلوه شويه
لحد مايشبع
كرش الحراميه
وعُمرو ما بيقنع
ولا يختشوا شويه
والباقى مُش أكتر
من نُقطه فى بقيه
من دمِك السايح
نهب لعواطليه
على كوم صديد ضارب
والهامه محنيه
وكُلُهُم جاهز
للمص ياصبيه
لكنو مستنى
يوصل لترضيه
يتفقوا مين يشرب
دي النُقطه يابهيه
واستخسروا دفنِك
سابوكي مرميه
عضمِك ينادينا
لو تصدُقوا النيه !
على الأقل تاوونى
وهامتنا محنيه
وادينا بنجمع
ملاليم مصديه
علشان ما ندفنها
ونرتاح بقى شويه
من نظره الجته
لهامتنا محنيه

ع الحصير

يا ابو الحظ القُليل
يا ابو الوهم الكبير
إنك بالجُهد تقدر
أو ببواقي الضمير
فى بلادنا تعيش وتحلم
وتكمل فى المسير
يا اخي تيت بعديها تيت
ثم التيتات كتير
يا اهبل ضيعت عُمرك
مأسور لسراب كبير
ان الأحلام حتطرح
ويصيح فجأه الأمير
يصِدر فرمان وعاجل
مليان أخبار كتير
عن إنو خلاص حيطرح
فى بلادنا شجر ضمير
وأديك قاعد بتندب
بتقلِب فى الحصير
وحَصيرك كُلو دايب
حترقَع فيه كتير

لسا الأيام فى عنادها

لسا الأيام فى عنادها
لويالك بوز كالعاده؟
كامش وف نفس الكورنر
عاشر فنجان م الساده
وسجايرك ماليه الدُنيا
وكأنها فرض عباده
عمال تسحب وتعفر
فارش حُزنك سجاده
والحُزن ليلاتي بيطرح
ولا يوم بيقول بزياده
ومواسم فرحك خِلصِت
دبلِت جواك كالعاده
أيام وعنادها مكمل
ولحد ما نشرب ساده
قهوة تأبين أحلامك
قصة ملايين متعاده
فى بلاد ما عادتش بتطرح
غير كوابيسها وبزياده
والناصح يلحق يدفن
أحلامو بلاش يتمادى

العسكر والدجال

أوسخ مافيكى طفح
وملا البلد عسكر
ونقول خلاص عِقِلت
بتبوخى اكتر
وتجيبى م الاخر
وتسودى المنظر
وبتفرشى رمله
لدجالك الأعور
وبتُصرُخى فينا
يومكُم هباب اغبر
يا تسددوا ديوني
تستأصلوا الكانسر
يا اما اجيب آخري
واسِيب العسكر
يولعوا فيكُم
وتتخرب اكتر
قال يعنى مُش شايفه
متأمله المنظر
ان الخراب حاصل
والكُل متحسر
على حلمك الخايب
وياريتو ما اتفسر
دجال بيدبحنا
وب يُحفروا العسكر

العجيبه

العجيبه مُش فى ظالم
أو فى طاغى ومُجرمين
العجيبه ازاى يبرر؟
للهوان دا المظلومين
لأ كمان جايبين أدله
وافتراء ع المُرسلين
ان صاحب الثوره كافر
واللي ساكت مُش لعين
لأ دا كَيِس واعي مؤمن
نِحسبوا من الصالحين
واللى أفتى صحاب مصالح
والجميع مُتأكدين
انُهُم خُصيان لظالم
وانُهُم مُش أهل دين
لما شرع يحابي طاغي
يبقى أهلو بدون يقين
واللي يِفتيلك دا كاهن
وامتداد لمُخنثين
يا اما أفتوا لظلمه شِربوا
دم زيك طيبين
والعجيبه انك مكمل
فى الخُضوع للمُجرمين
خدام فى الأبعديه
وأمان بس ف خِيالك
وخيال الموهومين
كدب فكُل المواقع
وكلام المُخبرين
عن إن الكُل راضي
رايق جوا الكمين
دبان فى فُراغ مصدق

متحفظ كلمتين
يدخُل يرمي ف مواعظ
غير سِب لأي دين
على غير دين انو فارس
وانو الراعي الأمين
من غيرو الكون حيخرب
والحاله حتبقى طين
وانو طبيب الفلاسفه
وإمام العارفين
وانو مابيخافش ابداً
مليان بكتير يقين
انو بيخدم بلادو
وانو الهدي المُبين
لكن حاول تركز
بُص بعين اليقين
دقق فى الصوت حتسمع
وتحس كتير انين
خايف مرعوب بيرعش
مُش حافظ كلمتين
بُص كويس فى عِينو
وعيون الخدامين
حتلاقي الرُعب طافح
صارخ مليان يقين
مُتأكد م الهزيمه
مستني ازاي وفين
هل حيسيبو الخواجه؟
لطابور الجعانين
ولا حتُصرُخ حناجر
توصللو ف يوم إيدين

جووووول

جايز يفوز المُنتخب
والزيطه تصبح للرُكب
ونبات نقوم فى كتير خُطب
والدُنيا فجأه تصير ربيع
هايص ومليان بالطرب
عالم رقيق صافي وبديع
وأغاني ماليه الكون صَخب
عن مجدنا وعن عِزنا
وعن سبقنا لكُل العرب
بعديها قولي كسبنا ايه
هل صِرنا يعني من النُخب
هل رخصُم سعر الخيار
وبلاش ياسيدي نقول عِنب
هل زودوا ف وزن الرغيف
أو عبروك حتى بِرُطب
أو يحدفولك كوز دُره
أو يعزموك على عود قصب
ح تقولي لأ دا انتماء
وغرام فى عشق المُنتخب
مبروك عليك الانتماء
مع هم طافح للرُكب
شجع وسقف واستكين
وادخُل في سيرك بيتنصب
واصرُخ بعزمك يلا جووووووول
وافرح ياعم المُغتصب

م البدايات اللعينه

م البدايات اللعينه
للنهايات اللى العن
فى البلاد المُستباحه
مُستكينه وشاربه ذُلاً
كُلنا المضحوك عليهُم
واللى جاى أمَر طبعاً
طول ماسايبه كلابها تنهش
طول مادايره وفينا تطحن
من ميلادنا لحد موتنا
واحنا فى وجودهُم بنِطعن
بس متأجل صُدورو
حُكم طَوِل حُكم عَفِن
واحنا بنداوي ف وجعنا
نوئد الاحلام وندفن
والهُموم تطرح مشانق
والمُتاح انك تكفِن
كُل احلامك وترحل
فى الفراغ جواك وتِسجن
روحك المنهوبه سَلفاً
م البدايات اللعينه
فى المسارات اللى العَن
حد ما يتصفى دمك
تدخُل التُربه ودَندَن
لحن عن عزه بلادك
عن يعيش حُكامها طبعا

البكابورت

مطرح ما بترسي ب ادوقلها
وبقالي سنين
بطلت خلاص اسأل نفسي
رايحين على فين ؟
وما حدش أصلاً ب يجاوب
ولا عارف مين؟
مسؤول عن ايه؟
فى اللي بيجرا
ويحاسب مين؟
بكابورت وفاتح فى بلدنا
ناس ومُهمين
اعلمهُم كان صبي على قهوه
يرُص الحجرين
والأُخت دى كانت خدامه
من ييجي يومين
(ومُش عيب الشغل
أكيد عارف مؤمن بيقين)
لكن ب اتسائل ببراءه
زي السائلين؟
اشمعنا العِلم فى دي الدوله
بس لصنفين
ياعساكر جُم بالدبابه
أو للقالعين
كرامتهُم ملط على البحري
ونازلين باصمين
من ان الحاله خلاص فُله
واننا راضيين
وباقيلنا يادوب بس شويه
ونصبح سلاطين
والكُل بيُصرُخ م الفرحه

وجاري التطمين
بكلام مغزول أوي بشياكه
واخر تفانين
واهو لما حنوصل صحيني
واز غُدني كوعين
ما انا تايه اصلى بدون مرسى
وبقالي سنين
واهو كُل شويه يقوم يُخطُب
كداب وكهين
من أول ما الغُرزه دي فتحت
فى اتنين وخمسين
من يومها وما عرفتش مرسى
ولا نسأل مين؟
عن امتى؟ البكابورت ح يقفل
رايحين على فين؟

قرار

لما جيت اخُد قراري
كان خلاص فات الأوان
البراءه مِنى هاجرت
والنشيد قَفل البيبان
ما اشتهاش بعديها يفتح
وابتدا ف محي اللي كان
مزع الاحلام وبطل
ينتظر طَرح الغيطان
ف اختيارى مالوهش لازمه
مش حيفرق مهما كان
والجواب الحتمى فيا
مُستحيل نُدخُل رهان
أي شيئ مابقاش بيدِهِش
جَف فيا النهر بان
أرض يابسه خلاص وموتها
أمر مش مِحتاج بيان
نبت روحي ماعادش يطرح
عِشق ويدُق البيبان
ينتظر يمكن حتفتح
يرتعش يعزف كمان
كُل أوتارو استحالت صمت
وانفضِت دُخان

بس الحواديت

يفضل للناس بس الحواديت
و كتير م الكِدب ومُر الصبر
كِدب على النفس وع العايشين
ساكنين ومعانا فنفس القبر
من ان الحاله حتصبح عال
وكمان المُر خلاص اهو مر
وكلام ما يبلش ابداً ريق
محفوظ عن كُل ولاة الأمر
أكلين السُحت وعَرق الناس
ماصين الدم ف أيها عصر
طالعين ع الناس بحكاوي كتير
ماليين الدُنيا بطبل وزمر
خُصيانهُم شايله بخور وصاجات
ومشايخ زاعقه بفضل الصبر
ويابختك لما تبات مظلوم
وتعاني كمان من ذُل القَهر
ومقامك يصبح م الصابرين
وتشوف درجاتك لما القبر
يفتح وتلالى تنور فيه
واهو فُزت ياسيدي ف أخر الأمر
ونقول للناس بعدك حواديت
عن فوزك بعد ما طال الصبر

مصر التى

مصر التي فى خاطري
وفى دمي
قالتلي ح الطُم
قُلت مالو ماتُلطُمي
ماهو يعني لطمك مُش جديد
ومافيش مسار تتقدمى
ولو انتى محتاجه لعديد
موجود بوفره اتكلمى
قفلت خلاص ومافيش خلاص
وبدأتى تانى تسهمى
بتبُصى وف أي اتجاه
وياريت دموعك ترحمى
وماعادش عندك أى رد
ف الأولى صمتك تلزمى
مابقاش كلامك مُستجاب
ولاعُدتى حد بتفحمى
غير اللى عاشقينك صروح
وتوطى فيهُم تهدمى
ياتغيبيهُم فى السجون
وبتدفينهُم تردمى
والعشق فيكي لكوم لصوص
وبتمضى ليهُم تُبصمى
قتلوا العباد نهبوا البلاد
وسابوكى وحدك تُلطُمى
كان فيه زمان مصر التى
وكان فيه فى خاطرى وفى دمي

حنين للرحيل

مهزوم فى الرحله وحدي
وصادق ناوي الرحيل
بس النهايات ب إيدو
وانا مستنى البديل
وب اشد العُمر خلفى
ماضغ وهمي الذليل
من إن الشوق حيطرح
يبدأ زهر الرحيل
وانهى سراب المسيره
كُل خيانة الدليل
لما اتمطع وقاللي
عافر دا الكون جميل
طلعِت حدوته بايخه
جنه بيهدمها سيل
أول ما خلاص حتطرح
تبدأ تروي الغليل
تلقى الأيام بتقلب
جواك بغروب وليل
واما تِعِد اللي راحوا
يترسموا طابور طويل
تهمس جواك لنفسك
كدا مش محتاج دليل
طولت انا فيها جداً
فاضل بس الرحيل

عيدك سعيد

عيدك سعيد
ياللى انتا لسا ف صُحبتك
ماانتاش وحيد
رشيت عطورك واتكوى
اللبس الجديد
زُرت القرايب عزوتك
حسيت بعيد
قرب موبايلك ينفجر
واتس وبريد
وتهانى من كُل المِلل
وسلام ب إيد
وأمانى تِكمل فَرحتك
ويقول نشيد
يسلم شبابك صحتك
وتزيد رصيد
وتشوف حبايبك كُلُهم
فَرح ومزيد
م السعد وليالي الهنا
وعُمرك مديد
بس افتكر من غير زعل
ولا مَد إيد
ناس برضو من أهل البلد
فى مكان بعيد
فى السجن كانوا بيحلموا
يجيبولها عيد
ما اقصُدش طبعاً ازعلك
لكن أكيد
انا نفسي بس أفكرك
ترفعها إيد
بالدعوه ليهُم بالفرج

يمكن يفيد
عيد يارب بدون عساكر
يومها بس حيبقى عيد

لما تبطل ياباشا

لما تبطل (ياباشا)
يبدأ يتحس بيك
ويهاب الكُل منك
ويحسوا انك شريك
فى بلاد طارحه البو غاشه
ليهُم من دون شريك
والفول علشانك انتا
وساعات دا كتير عليك
كَسَر كدبة (ياباشا)
خُد حقك وب إيديك
زيك زى اللي حاكم
واكتر من حقو ليك
جدك ما سجنش مصرى
وأُمك مازنتش فيك
ولا ابوك وطى ليهودي
ولا كانلو ف يوم شريك
انتا وبس اللي سَيِد
وكلاب دي تبوس إيديك
لما تبطل (ياباشا)
وتقوي العزم فيك
إنك سيد البلد دي
والكُل معاك شريك
لا تقول كلمة (ياباشا)
ولا حد يقولها ليك

إشتعال

تانى بادئ في اشتعالك
رغم كُل الأمنيات
بالسكون لو حتى لحظه
والتمهُل لو ساعات
أقدر اخُد فيها نفَسى
واعترف ليا بحاجات
منها مثلاً انى مُحبط
وانى مُش طايق السُكات
والكلام مُش طايقو اكتر
وانى زاهد فى الآلات
اللى صاخبه ف كُل نبضى
واشتعال حد الممات
تانى بادئ فيا يُصرُخ
تانى ويقلب حاجات
كُنت فاكر راح زمانها
وانها اختارت سُكات

صباية العيد

عيدك ب الغم جالك
وب اوحل م البِرك
حتى ف عيدك حبيبك
فاكراك بيصُبلك
الله ع العشق فعلاً
عُقبال ما يحبلك
وانتا ف ماتشك بتهتف
والعرق يطقلك
بس ف ساعة الهيافه
الله ما أجملك
طيب وكيوت مهاود
لازم يتصبلك
قوم نادي الطاهره تُرقُص
وانزِللو يطمنك
عن مصر خلاص بتنهض
وكلام اتفتلك
ولا دُقت الفته أصلاً
ولا مرقه اتصبلك
نشفت وخلاص بتخرب
والحل يصُبلك
ويطلع فيك غليلو
ولا مره بيمهلك
بعد ما ضيع فلوسك
وحفر أم البرك
كُنت مأمل حتفرج
واهى فُرجت صبلك

إنفصامستان

بُص واتأمل بعقلك
وانتا مُش خايف ملام
مهما رَد الفعل ضَرَك
مهما صابك الاتهام
بُص بس بدون عواطف
أو مشاعر أو غرام
بُص وانتا كتير مُحايد
تكِتشف حالنا السُخام
شَعب هَيص شعب طَبِل
شَعب بس بتاع كلام
يبهرك تحليل فى كوره
تِنتِفِض تديه سلام
اما ساعة الجد ف امَك
عند خالتك والكلام
يتقلب ألش وتفاهه
والمزاج بقى سِعرو كام
أمي مهما يخوض تجارب
فِطرتو ضد العَلَام
يُحكُموا المماليك عبيدو
وبرضه يهتف بانتظام
كُل مره تقول حيفهم
فجأه يرجعلو الفصام

منافي

وحدك ساكن مَنافى
وكهوف نحتتها فيك
غُربه وحُزنك نَديمك
وغياب موقوف عليك
وكأنك بس صَاحبو
ومغروزه جذورو فيك
وحدك عاشق رحيلك
صبار وزرعتو فيك
ورويتو بكُل عَزمك
وكأنو الباقى ليك
وكتير بتقوللي راجع
وافضل ادور عليك
فى نايات كِرهِت سكوتها
وقاتلها اللحن ليك
سكتت حلفت ما تعزف
إلا بلمسة إيديك
غير لما تبل ريقها
وتبوح بأنينها ليك
وامتى تعود م المنافى
وكهوف نحتتها فيك
غُربه وبُعد اتكتبلك
بُعد وموقوف عليك

مليار مُشير

فى بلاد عاشقه العساكر
ومعانده لأي سير
فى الصح وفى الحقايق
كُلو بيعمل ضرير
واحد مادخلش عركه؟
فجأه بيصبح مُشير
ومُشير كان برضو قبلو
فاجر نصاب كبير
خدع الميدان بكدبو
كالعاده وباع ضمير
من بعد ما إيدنا واحده
والكُل استنى خير
رجعُم تاني العساكر
والشعب يعود أسير
قبليهُم برضو تافه
بالواسطى صَبح مُشير
صاحبو ورقاه وطنش
كُل صحاب الكبير
وكأن مُشير دي لعبه
ونفسو يكون المُشير
هيص زقطط ياميرو
ولا تغلى عليك مُشير
ياحبيب كُل الغوازي
ودعاره وياما غير
حشاش ومطبلاتي
هلاس جعاع كبير
فى ساعات الدم سايح
مابقاش فيه شئ يطير
فجأه الأوهام بتتخلص
وبيتنحى الكبير

والبوم مالى الشوارع
يتحايل ع(الخبير)
كمل حد اما تخرب
كمل وانتا الأمير
من يومها بسيطه جداً
مش محتاجه لكتير
كُل ما بتوطى راسك
سهل تكون المُشير
والبوم يملى الشوراع
يهتف ويبيع ضمير
فى بلاد أسهل مافيها
يترقى عويل مُشير
مادخلش ف عركه حتى
ولايوم سمع النفير

إلحق إنزل

انزل وبلاش تراهن
كالعاده تقول يومين
بُكرا يشبع ويسكُت
أو اقوللو نجيب منين؟
والله حيقلع لباسك
ويفتش فيك كوهين
تقلع وتهز فيهُم
ياعريض المنكبين
ف الحق نفسك و عافر
وانزل قبل اللعين
ما يفُكك حته حته
يهديك ولأي مين
انزل فماعادش حاجه
تستاهل تستكين
انزل مابقاش فى بُكرا
لو مانزلتش فمين؟
ممُكن يديك حقوقك
وامتى تعيش اليومين
انزل قبل اما تدفع
ع الصبر وع الأنين
انزل للكلب الاجرب
ابن مليكه اللعين
ملعون هوا وخوالو
فى كتابنا وأي دين
حتى اللى ربو كافر
عارف دول يبقوا مين؟
وريه هوا وكلابو
ان احنا مصحصحين
جوانا الثوره قايده
هانت وحييجى حين

ويشوف بعينيه نهايتو
يطلع فيه الخزين
من قهر وغل فينا
بنمصمص فيه سنين
وحنعدم قبل منو
صُبيانو المُجرمين
ف انزل صهلل ميدانك
وازرع فيه اليقين
الأرض لفلاحينها
والدفه لملاحين
راضعين عشق البلد دى
ومافيش خالهُم كوهين
ف انزل قبل اما تقلع
وتهز المنكبين

ياابو التمثيل مُشرف

كَمِل تمثيل مُشرف
سيبك م الانجازات
ياقليل فى الجُهد جداً
وعظيم فى الأُمنيات
وحاجات ماانتاش بتاعها
ولاعندك مُعطيات
كُل همومك فى واسطه
تغنيك عن دى الحاجات
وأمور زي العزيمه
قوه وشدة ثبات
يتربى الكُل فيها
صُبيان أو كان بنات
إصرار ع الحلم يكمل
فبتسمعلو الحاجات
بتجيلو وغصب عنها
لما يفجر طاقات
وبيؤمن إنو قادر
ع الفعل وع الثبات
مُش بس بتاع أماني
ومتعبي ب أُغنيات
وفاكرها الحل يمكن
تطرحلك إنجازات
ياابو التمثيل مُشرف
عداك القطر فاااااااااااااااااااات

نحسنا الدايم

مش حِقد فينا أو غليل
أو كُره طافح مننا
هُما اللى بدأوم بالعداء
واللى استباحُم دمنا
رقصوا الكلاب ناشره الخراب
وبيستلذوا بلحمنا
شافوا البنات رايحه السجون
ولاحتى عزوا ف عرضنا
حسبونا شعب وهُما شعب
واستكترونا يضُمنا
ليلة فرح بعد الغياب
فى سيول هُمومنا وسجننا
بادلونا شوقنا بطول جحود
فجأه استباحُم حلمنا
لو حتى ماتش حننسى بيه
نلقى العواهر قبلنا
متحضرين مع كوم لصوص
خاطفين علمنا وفرحنا
والعاده دايماً يبقوا بوم
فبنستكين ونقول لنا
خربت خلاص ومافيش فرح
دول نِجمُهم مُش نِجمنا
وطالعانا ويّاهُم كئيب
مُش مِنهُم ولامننا
مايجيش بشوفهُم أي خير
ولافيش رباط بيضُمنا
غير لو فِرحنا (ومُستحيل)
بيفكرونا بغمنا
حبة وسخ على خدامات
صبحوا الطليعه ف برنا

بذاءه مش ابذء م الواقع

عسكر ب ..فى ميت
ويوقوللو استحملوا
حُبك إدمان ياسافل
مش قادر ابطلو
لعبي ف كُلك غرامي
وحنين ب اتهزلو
بيهز فى كُل روحى
ويشدوا يزلزلو
كُلك ياجميل بتاعي
ماتوطى استقبلو
معلش افتح شويه
شجعنى ب ادخلو
علشان نقدر نكمل
وبلاش تتململوا
م الصب وتستغيثوا
يا إما تعزلوا
وتغوروا فى أي داهيه
تسيبونا نكملو
مع حد كتير موافق
بيجييني واصُبلو
يرعش ويقوللي كمل
مش قادر ابطلو
حُبك جوايا جاااااااامد
ف ارحمنى وكملو

قلبي والناس

ما عادتش بتهمس خالص
نسيت دقاتها خلاص
بتجفف بس دموعها
تهرب من دُنيا الناس
عن دقاتك ب اتكلم
قلبي يا فدادين إحساس
طراحه ف إيُها موسم
ومُتاحه لكُل الناس
ولايوم بتعلى ف سورها
ولا مره تقول ماخلاص
انا ح اطرح بس لنفسى
واستكفى بدا الإحساس
وح اشوف الكون من برا
زاويه بعيده عن الناس
قلبي يامسكون بوجعهُم
قلبى ياموجوع من ناس
وبترجع تفتح بابك
دايماً ومافيش حُراس
وتقوللي خلاص نسامحهُم
معذوره كتير الناس
ما الدُنيا بقت مُش دُنيا
والناس مابقيتش الناس
على الأقل يكون فيه شمعه
أو حتى قمر وناس
وأدينى باحاول اونس
واتونس لوفيه ناس
دقت على بابي انا ب افتح
كرِهِت ب اعذرها الناس
وب اقول سرقاهُم دُنيا
واهو بُكرا يعودوم ناس

قلبي يافدادين طراحه
وغرامك بس الناس
لاحلمت فيوم بعماره
ولا قُلت حنرمى أساس
كُل مداينك فى غرامك
وهواك باللمه وناس
ابداً ما تحس بشبعك
ولا ريك إلا بناس
صدق اللي حكاها ياسيدنا
جنه ما تنداس بلا ناس

فى بلاد الأكل عيش

فى بلاد الأكل عيش
رأيك علمك ثقافتك
دينك بقى أكل عيش
تصبح (وطنى) اما تُرقُص
وتطبل للشاويش
وساعتها الأمر مُمكن
مسموح بالأكل عيش
وانك تصبح مواطن
أو فجأه تصير مافيش
بيحددها انكسارك
وهتافك ياه يعيش
مع إنو ف قصرو عايش
وانتا مقضيها خيش
حلمان تحلى المعايش
وتجرب يوم ياميش
لكن صاحب البلد دي
طبعاً هوا الشاويش
مهما تحاول تخبي
أو باستهبال تعيش
وتقول راح امشي حالى
وبيمشي الأكل عيش
خسران بتلاقي نفسك
وتدور فيك مافيش
من يوم علمك ثقافتك
دينك بقوا أكل عيش
يفضل جواك خرابك
والفوبيا من الشاويش
وتحاول تستخبى
منك وتقول مافيش
وتخاف نفسك تشوفك

وتعاند لأ ماليش
كداب مرضك بيُصرُخ
جواك ما بتشتهيش
حتى تبُص ف مرايه
خايف لتلاقى هيش
فتسافر جوا وهمك
وتقول أبداً مافيش
أنا بس شويه مُجهد
مُتعب م الأكل عيش

إرحل

ارحل والحِس عالى
وبصوت قالوا الجميع
هتفت بيه الحناجر
حتى الطفل الرضيع
مابقاش فيه حد طايقك
حتى الندل الوضيع
اللى نزلك وطبل
واتجمع فى القطيع
وبقالو سنين يبرر
ويعاند فى الجميع
قولنالو البيعه خاسره
لكن وهمو البديع
خلاه يحلم ويحلم
ويكون خدام مُطيع
لوعود كدابه زايفه
فرشتلو الكون ربيع
كان فاكر القُبه خضرا
وتحتيها الشيخ وديع
طيب حبوب مهاود
حيطبطب ع الجميع
فجأه قناعك بيسقُط
بان الوش الفظيع
دجال سمسار مشاعر
وحلولك بس بيع
وانهب وادي العصابه
واقتل حلم الجميع
ف ارحل بقى غور وفارق
نفتح باب الربيع
يمكن أيام خريفك
جوانا تغور تضيع

بعد اما بقينا مُسخه
وبنصعب ع الجميع
ارحل قالها اللي ميت
والعايش والرضيع
حتى الشياطين بتُصرُخ
وابتهلت للسميع
ترحل يكفيها شرك
غُمه وتنزاح سريع

إوعى ترحل

إوعى تزعل إوعى ترحل
دول عيال ما بيفهموش
لسا فيه فى الزلعه مش
ودود كتير ماخطفتهوش
ولسا فيه واحد بصحه
دمو لسا مامصيتوش
لأ كمان فيه لسا واحد
م الجيران ما مسكتهوش
وف حارتنا مُمكن احلف
لسا بيت ماخربتهوش
فيه رذيل هوا ومراتو
كُل يوم مايبطلوش
شُرب شاي وساعات بياكلوا
ياه ياباي على دول وحوش
لأ كمان حيجيبو عيل
والأصول مايخلفوش
يكسروا كلمة سيادتك
ده خطير ماتعديهوش
نعدم العيل يافندم؟
ولا فيه بيعه وقروش؟
ماشي صح كلام سيادتك
أيوه بيع وخُد القروش
ولسا برضو كتير جوامع
عاصيه لسا ما ققلوش
لأ كمان وساعات تأدن
لسا يا اخى ما بطلوش
والحريم لسا بحجابها
ما اتخلعش ماقصروش
لأ وفيه ستات عفيفه
وفيه بنات مابيعرفوش

ينزلُم كُل اما تُطلب
يفرشوا ف حُبك بروش
بابا راضى وماما عايزه
والغريب ما بنحرموش
لحم باين عرض واطي
وعرص باع وماهمهوش
المُهم ان انتا ترضى
تفردو وماتكرمشوش
وشك المُجهد ومتعب
م السهر لم الفلوس
لأ ولسا كمان فى (قِله)
ع النبوه ما أمنوش
انك انتا رسول ومُنزل
والخراب مابتعرفوش
وان لولا وجود سيادتك
كان بلدنا خلاص فاشوش
هيا اه تحتو بمسافه
بس أحسن م الفاشوش
ف اوعى تزعل اوعى ترحل
دول عيال مابيفهموش

أولع بجاز ارحل

ارحل بقى
من غير كنايه وتوريه
ولا قول مجاز
الأمر واضح واتحسم
والباقى جاز
ديناميت يفجر جتتك
والكُل عاز
باعوا الستاير والكنب
باعوا الجهاز
مش باقى غير
عرض وشرف
صندوق قزاز
وإيدينا باديه تكسرو
وشايفه الملاذ
فى الثوره وانك تتتسحل
تولع بجاز
فى بلاد خلاص اتمصمصت
ولعت بجاز
مابقيتش طايقه لسحنتك
وبتستعاذ
من وشك النحس الدكر
قفل البوغاز
كُل الموانى اتقفلت
ومافيش مجاز
إلا برحيلها لسحنتك
ونصُب جاز
كبرت بناتها اترملِت
وبدون جواز
لما ف سجونك
همها فاق المجاز

من وصف مُمكن يتوصف
لو يعنى جاز
عن بنت لسا وتتسجن؟
ياابو الطياز
وشباب بترهن حلمها
وترمى الجواز
ل أقرب سفاره فى وشها
وبتستعاذ
من وشك النحس الدكر
عايزه الملاذ
وبدون كنايه وتوريه
وبدون مجاز
ارحل وفارق واتفلِق
واولع بجاز

إرحل يا عرص

كلمه و بسيطه وبينه
ولا فيها لَبس
ولا عايزه حد يفُكها
ولا فيها طَمس
بيقولها كُل اللى اشترى
وهمك وحَس
ارحل يابلحه وفوق بقى
وافهم وحِس
مش قادر اقولها وباتكسف
كلمة ياعرص
لكن ويبدو خلاص بقى
مُجبر ياعرص
مضطر اقولها وحسها
وافهم ياعرص
مابقاش فى حد مصدقك
بزياده هجص
ومعرصينك والنُخب
كنسوها كنس
باعوا الحديده وللرگُب
قضوها هلس
حتى المشايخ عرصت
بقى ليها نفس
قلعت شرفها اتحزمت
قالت يادانس
وادى الغوازي اتمكنت
بقى ليها حِس
مابقتش مستوره البلد
مُش لاقيه لبس
والحل واضح مُنجلى
ومافيهش لَبس

لملِم عساكرك واندعق
وارحل وبس
وبرغم جداً ب اتكسف
لكن ياعرص
جمع خرابك شِلتك
وارحل ياعرص

تخيل لو مافيش عربي

تخيل..
فجأه اقوم م النوم
مافيش فى الكون ولا عربي
دى جنة ايه ياعم الحج
وايه دا السعد ياربى
مافيش ظالم مافيش مظلوم
وناس مشبوحه فى الحربي
ولاكفره ولافُجار
ولا حد فى بنات يسبى
ولا تافه بنسجُدلو
زعيم ومشارك التُربي
رصيدو تجارة الاعضاء
وسادي بس متخبى
ورا سبحه ورا ركعه
ورا شيخو اللى مستغبى
عاملو دين على قدو
ويرضو مشارك التُربي
تخيل..
فجأه اقوم م النوم
مافيش فى الكون ولا عربي
لافيه شاتم ولا مشتوم
وكلو كيوت ومتربي
ولو حصل اختلاف بينهُم
بيتعاتبوا عتاب بمبى
مافيهش يلا ياكافر
ولا منافق ولاسلبي
ولا ثكلتك يوم أُمك
ولا صادر بيان حربي
ولا أصلك ولا فصلك
ويختلفوا اختلاف أدبي

لا فيه فيزيا ولا كيميا
وجركن كُلو متعبي
ب بارودو ب بنزينو
وكُل الحقد ياغُلبى
تخيل ...
فجأه اقوم م النوم
مافيش فى الكون ولا عربي
ادى الأقصى رجع تانى
بعُصبة بس ياربى
لافيه نُخطُب ولا نشجُب
وهوا فى بيتو متخبي
وخايف ل اسرائيل تزعل
تذيعلو شريطو ب البمبى
فى لحظة صدق كان ممحون
وكان من تحت ياغُلبي
ولابس ب الاماره فيزون
ودكرو يقوللو ياباربي
علينا كان صلاح الدين
وادينا عرفنا يامخبى
وادينى قُمت اهو من النوم
وب اتفرج على باربي
بيُخطُب ناوي يغزو الروم
واهو اتحول ل ابو العربي

مُش حيرحل بالكلام

مش حيرحل واللى زيو
بالكلام ما بيرحلوش
أردغانه وشله هايصه
والفرح مالي الوشوش
ناس فى عالم وانتا عالم
ما اتخلقش مايعرفوش
حتى بوجودك ياطيب
إلا لما مابيلاقوش
حد فُرجه يقوم ويرقص
حد يُطبخ للكروش
حد يطلع دين جُدودو
وفى النهايه يجيب قُروش
تتسلب ياخدوها منو
وان نطق يصبح فاشوش
كلب مرمي ف أي حته
كوم سجون وبدون بروش
مُش حيرحل واللى زيو
بالكلام ما بيرحلوش
إلا لما بتبقى بانت
والميدان مليان وحوش
كان رحل كُل اللى قبلو
من زمان وما كملوش
دول خلاص ورثوك ياطيب
عاثوا فيها ماقصروش
بعد بعد الكُفر دينهُم
والضمير مابيعرفوش
جدرهم أصلو الوساخه
بالكلام ما بيؤمنوش
إلا لو ميادين كتيره
واتملت زيك وحوش

نازله مُش بتقوللو يرحل
لأدى زامه كتير وشوش
فيها غِل وشوقها طافح
للحساب وما ترحموش
فى الميدان لازم مشانق
للكلاب وكتير كُروش
ياما غِنت ل اللى غاصب
واحنا بنبيت فاشوش
والعيال جعانه تُصرُخ
واحنا كدب ماتقلقوش
جاي بُكرا الأكل حاضر
والطبيعى مانلقاهوش
ويبقى بس الحل واحد
ننزل الميدان وحوش
ل اجل هوا ولا اللي زيو
ساعه واحده مايفضلوش

ح يرحل غصب عنو

راح يرحل غصب عنو
وحياة شرفو لأبوك
لو فاضل منو حاجه
أو كان فاهم أبوك
لكن باينه النتيجه
وباين تعليم أبوك
رباك ع الرقص سابك
لعساكر يركبوك
ويشدوا كتير لجامك
والتبن يأكلوك
بعد ماتشبع حميرهم
ويكونُم جوعوك
تقبل وبأي حاجه
مُش فارقه معاك تلوك
وتمصمص فى انهزامك
يتسلوا يمرمطوك
خدام عند اللى جابهم
ركبهُم فوق أبوك
فبتصبح دى النتيجه
خلفه وبتعر ابوك
ونضطر كتير نفهِم
فيك وف خلفة ابوك
من إن رحيلو حتمي
ومافيش ذرة شكوك
ايوه ورحمة جدودك
رحمة شرفو لأبوك
مهما بيملوا ف دماغك
أو مهما يحفظوك
راح يرحل غصب عنو
وحيسقط فكر ابوك

إنك تفضل تعرص
على أد ما يطعموك

إنك تفضل تعرص
على أد ما يطعموك

تويتر والريس

فاصل تعريص صُغير
على ما يقوم الرئيس
يغسل لامؤاخذه طيزو
من تفكيرو العويص
فكر حد اما أبح
وبدأنا نشم جيص
كركب بعديها بطنو
وخلاص فتح الهويس
(يقرف أم اللى جابك
على مين خلاك رئيس)
بعد ما عامل مُشيرهُم
فجأه بيقلب لميس
مرعوب بعد اللى سمعو
من عباس الجليس
غير تقارير المباحث
وكلام كلب البوليس
من ان عيال كتيره
نزلوا بهشتاج عويص
على شئ إسمو التويتر
وبيشتم فى الخسيس
طبعاً لأ مُش سعادتك
مش مكتوب الرئيس
لكن بعديها خربت بدأوا
يقولوم ياسيس
مع يا طبعاً يا افندم
ملزوقه ف اسم سيس
ولجاننا خلاص يا افندم
فتحت برضوا الهويس
مابقاش ينفعها بامبرز
ولابكري وجوز لميس

ولاحتى العرص موسى
ولا عكوشه التعيس
فاصل تعريص ونرجع
على ما يقوم الرئيس
يغسل لامؤاخذه طيزو
بعد ما فتح الهويس
غرق شلة صحابو
وغرق نفسو التعيس
مهزوز والكُل خايف
مرعوب من دا الكابوس
يادوب عصفور يصوصو
ومعاه كده كم جليس
على شئ إسمو التويتر
خلوه يقلب لميس

مبروك يا أردوغان

مليار مبروك ياطيب
يا طيب أردوغان
من واحد عادي جداً
ولا تسمع بيه كمان
واحد على أد حالو
فى بلاد خاسره الرهان
مسجونه وحالها واقف
وبيُحكمها المُهان
والعاشق للضرايب
والباني كتير (ليمان)
والبايع فيها دينو
واللى بيُمضغ لبان
من غير ما ترامب ينطق
بيوطي يقول كمان
يُغنج ويقوللو طيب
لكن مش أردوغان
وف عز ماهوا قالع
فاكرك تاعبو الجنان
ولا بيخليه يركز
ف يعوز واحد كمان
وترامب يقوللو لأ
يبدء فينا الجبان
بينات ولجان وهيصه
وكلام يملا الودان
عن تزويرك ياطيب
وفراغ كُل اللجان
نضطر نخبي ضحكه
مع دمع كتير كمان
يُصرخ على حال وواقف
ونُسخ من دا الجبان

موجوده ف كُل حته
فى وطن موبوء مُهان
لكن حلمانه حالفه
لازم تكسب رهان
يحكُمها ف يوم ولادها
وتهنى يا أردوغان
تبعت لينا الرسايل
ونصير زيك كمان
يُحكُم فينا ابن عامل
من وسط الكُل بان
لابتاع تعريص وواسطه
ولامستني الأمان
م البيت الابيض ونينو
أو أي عميل جبان
مليار مبروك ياطيب
ياطيب أردوغان

مولود فى مصر

فى بلاد صَك امتلاكك
مكتوب قبل الميلاد
تنزل تلقى البياده
زيك زى العباد
قاعدين والشوق قاتلهُم
على ما يحين الميعاد
ويادوبك بس تنطق
ياخدوك وتعالى ياض
قَدَرك حظك منيل
من بين كُل البلاد
حَظك يرميك فى كارثه
من غير ترديد مُعاد
عن أم الدُنيا يعنى
وكلام مايجيبش زاد
بنطرطش بيه ولكن
شوفها فى وسط البلاد
وابدء من تحت خالص
دقق فى اللسته ياض
قبل الأخير بمركز
وخلاص بدأوا المزاد
وانتا بتُقرُك تعيط
يادي الليله السواد
بتعافر تاني ترجع
لكن فات المعاد
كمل واتلقى وعدك
يلا ف أم البلاد

إرحل يا عرص
تخيل لو مافيش عربي
مُش حيرحل بالكلام
ح يرحل غصب عنو
تويتر والريس
مبروك يا أردوغان
مولود فى مصر

Don't miss out!

Visit the website below and you can sign up to receive emails whenever طارق التريري publishes a new book. There's no charge and no obligation.

https://books2read.com/r/B-A-KEUT-DSTYB

BOOKS 2 READ

Connecting independent readers to independent writers.

Did you love إنفصامستان? Then you should read دم الحُسين by طارق التريري!

من سلسلة الأعمال الكامله للشاعر طارق التريري والمنشوره في سلسله من 16 ديوان

Read more at tarqablog.blogspot.com.

1. https://books2read.com/u/mZQlYe

2. https://books2read.com/u/mZQlYe

About the Author

منشوراتي

في بلاد الأي حد

قلبي اللي عشقك

إنفصامستان

وجع القصيده

كُل العساكر كدابين

الصُبح في بلادي

شباكي الفاتح

سُلطان العاشقين

قُليل لما باشتاقلي

دوايرك

دم الحُسين

على باب الله

صباح القُدس

عند باب الحلم

لماكانت مصر دوله